A QUAND

LA

LIBERTÉ?

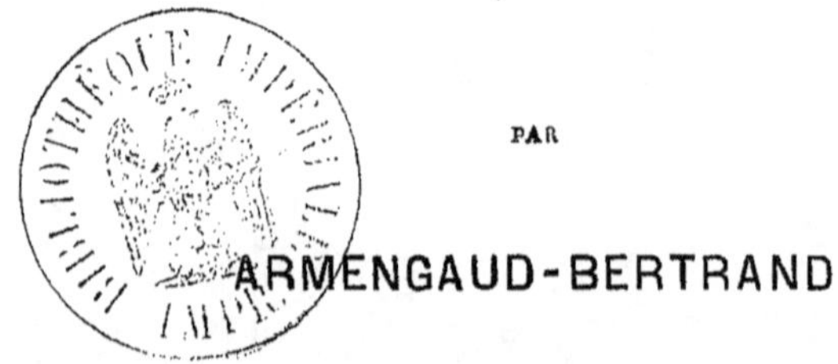

PAR

ARMENGAUD-BERTRAND

PARIS

DENTU, LIBRAIRE-ÉDITEUR

Galerie d'Orléans, 13 (Palais-Royal)

1862

A QUAND LA LIBERTÉ ?

J'entends cette liberté robuste et virile qui n'a besoin ni de menottes ni de lisières.

D'où doit-elle surgir? — Du respect de la loi. — Est-elle inhérente à telle dynastie, à tel gouvernement, à tel homme ? — Non, mille fois non. Elle sera l'œuvre de la concorde et uniquement de la concorde. Car, dans un pays où l'égalité règne, il n'y a évidemment d'obstacle à la liberté que la division des partis. L'existence de plusieurs partis implique, en effet, des vainqueurs et des vaincus, des contents et des mécontents, outre les déclassés de toute espèce, les fauteurs de désordre, et tous ces incurables d'orgueil ou d'incapacité qui sont bien aise de mettre un faux-nez politique à leur visage pervers. Or, cette guerre d'opinions nécessite un bras fort qui maintienne l'ordre: les dictatures même, les despotismes n'ont pas d'autre cause. Ceci n'est pas, à coup sûr, une vérité neuve; d'où vient donc qu'elle soit toujours méconnue, tout au moins outragée? C'est que chacun de nous apporte à la politique des idées préconçues, de sorte que les discussions sont devenues oiseuses et que les meilleurs arguments n'ont pu convaincre personne. Nous tournons, pour ou contre telle théorie, dans un cercle éternellement vicieux ; nous suons à perdre haleine, de part et d'autre, dans de pompeux discours, n'oubliant, comme le singe de la fable, que le point essentiel, celui d'éclairer notre lanterne.

Faisons donc table rase de tous les lieux communs que nous accumulons individuellement au service de nos thèses. N'y a-t-il pas aberration, je vous le demande, au XIXe siècle, de se dire orléaniste, bonapartiste, légitimiste ou républicain ? Ce sont là des mots et des coteries ; il faut des idées et une nation. J'en appelle aux hommes de bonne foi, non point à ceux qui naissent avec des opinions toutes faites, prêts à se crever un œil pour être borgnes comme leurs aïeux. C'est du courage, dit-on dans quelques cercles ; et je dis, moi, que c'est sottise. C'est sottise d'ériger en mérite la stagnation et l'immobilité, comme si le temps n'avait pas des ailes, comme si l'essence de l'humaine nature n'était pas le mouvement, c'est-à-dire le progrès. Omettant donc les aveugles et les borgnes, que voulons-nous tous, nous, hommes dé bonne foi, qui n'avons ni la stupide idolâtrie d'un passé mort, ni le fol enthousiasme d'un idéal introuvable ? Ce que nous voulons, ce n'est pas la suprématie d'une couleur, d'une dynastie, d'une fraction sur une autre ; c'est le règne des immortels principes de 89 et des théories praticables qui en sont le co-rollaire : prospérité nationale, civilisation progressive, diffu-sion des lumières, accroissement du bien-être individuel et collectif, en un mot la Liberté, qui est dans l'ordre moral ce que le soleil est dans l'ordre physique. Voilà ce que la France cherche depuis des siècles, semblable au malade qui, selon l'expression de Dante, s'agite sur sa couche fé-brile sans pouvoir trouver le repos. Lasse enfin — réimpri-mons l'histoire d'hier pour ceux qui savent si bien l'oublier — lasse d'essais infructueux et d'espérances déçues, elle al-lait une fois encore au penchant de l'abîme, quand Napoléon

parut, et lui tendant la main : Relève-toi, dit-il — Et la
France debout : Tu es un prétendant de plus, sans doute.
— Oui et non ; c'est à ton gré ; consulte, délibère et choisis.
— Eh bien ! que tous les prétendants, s'écria-t-elle, compa-
raissent à ma barre.

Survint d'abord Capet-Bourbon, une croix d'argent sur la
poitrine, un encensoir énorme dans la main droite. Figure
béate, dont la lèvre hautainement dédaigneuse murmurait
des patenôtres. Il clignait des yeux devant la foule, avec un
léger tressaillement d'effroi, s'expliquant mal qu'il y eût un
peuple émancipé, fier de lui-même et de ses prérogatives,
où il n'attendait que des vilains et des serfs. Autour de lui
quelques marquis-régence, secouant avec grâce les grains
de tabac égarés sur la dentelle de leurs jabots, lascifs
encore en dépit de leur âge, et l'œil armé d'un binocle
en quête des modernes Phrynés. Une voix leur dit: « Le
pain, messeigneurs, est bien cher pour le menu peuple ».
— « Oh ! qu'il mange donc de la galette », répondirent-
ils d'un ton de suprême dédain. Derrière eux galamment
cavalcadaient de jeunes pages, les caricatures des siècles
passés, brodés d'or et le faucon sur le poing. Ils brandis-
saient d'un air de gloriole leurs sabres damasquinés sur la
populace, et de temps à autre, comme un refrain, criaient :
« Priviléges ! priviléges ! » Çà et là, plus majestueux, plus
vénérés, plus vénérables, passaient des cardinaux romains,
des prélats, des pontifes ; la France s'inclinait confiante,
jusqu'au moment où elle vit parmi eux, comme des couleu-
vres, glisser des Rodins, des Torquemadas, des Veuillots, le
paradis dans le regard, l'enfer dans le cœur. Alors elle tres-
saillit d'un vague effroi ; le passé surgit dans sa mémoire
avec ses gibets et ses bûchers rouges de braise ; le mot d'In-
quisition siffla dans ses oreilles ; les démons lui cachèrent
les anges, et, multipliant les signes de croix : *Pax nobiscum*,

dit-elle; allez! allez! Le moyen âge a fait son temps; vous n'êtes plus que des fantômes, sinon des vampires.

Vint alors Capet-d'Orléans, moins décrépit, il est vrai, mais non plus sympathique. Son cortége à lui n'était pas sinistre; il était purement grotesque. Un millier de bourgeois riches d'écus et d'embonpoint; débonnaires au superlatif, peu soucieux de gloire, et coiffés d'un casque à mêche comme le feu monarque d'Yvetot. « Vive le roi-citoyen! » criaient-ils en chœur, ou bien encore, avec une gracieuse cadence du ventre : « Enrichissez-vous! enrichissez-vous! » Le gamin de Paris leur fit la nique, et la France se prit à rire. « Les Capets sont bien morts, dit-elle ; les aînés, des baisers de Laïs et de Loyola ; les cadets, d'une indigestion de veau.... d'or ».

Sur leurs talons succéda la République avec des allures de cavale indomptée. Belle et hautaine, à ses épaules pendait une chlamyde écarlate. Elle avait remplacé l'antique bonnet phrygien, l'effroi des nations, par une sorte de béret basque, d'où s'échappait une chevelure prodigue, signe de force et d'éternelle jeunesse. Une écharpe tricolore nouait sa taille, et le symbole évangélique s'y lisait en gros caractères. Sa droite portait un écusson d'or, chamarré d'emblêmes, entre autres la Balance, le Niveau, l'Équerre, avec cette sublime exergue : Charité!

Je me sentis involontairement embrasé de sympathie. « Quelle aurore : Les rois faits peuple, le peuple fait roi! » Mais, hélas! un rêve, une superbe idéalité, rien de plus; car, la France ne voulut juger l'arbre que par ses fruits.

Sa main gauche soutenait un faisceau de banderoles, sur lesquelles on lisait : Sparte, Athènes, Rome, Gênes, Venise, Milan, Suisse, 93, États-Unis. Le débat fut long; la prétendante n'était pas à court d'arguments! Je ne dirai donc pas son éloquente apologie, mais les rapides conclusions de la France.

« A *Sparte*, dit-elle, la famille n'existait pas; ce n'était qu'un troupeau de femelles et de mâles, possédés par l'État dans leurs corps, dans leurs biens, dans leurs enfants. Je cherche la Liberté, Sparte ne l'a jamais connue.

« *Athènes* eut, il est vrai, le sentiment de la famille et le goût des arts. Mais quelle triste politique! Grande seulement un jour, contre les Perses, son existence ne fut qu'une longue guerre civile. Elle se montra constamment si peu capable de liberté, qu'elle n'aspirait qu'à s'en démettre dans les bras d'un Pisistrate, d'un Alcibiade, d'un Périclès ou d'un Cléon, tour à tour aristocratique ou démagogique, jamais libre de cette vraie liberté qui est fraternelle à tous.

« *Rome?* Glorieuse au dehors, j'en conviens; mais au-dedans, quelle fournaise permanente d'agitations et de discordes! Jamais de trêve durable entre le patriciat et le peuple. Cinq siècles de fratricides! ou l'oppression du noble ou l'éternel spectre des Lois agraires, ce que la langue moderne traduirait par ces deux mots : féodalité, communisme. Rappellerai-je l'odieuse violence des Décemvirs, les torches incendiaires des Catilina, les bains sanglants des Sylla et des Marius, des César et des Pompée, c'est-à-dire du noble et du plébéien, tour à tour triomphants, et toutes ces orgies de démence et de cruauté, d'où surgit, né du sang et des larmes, ce colosse de despotisme qu'on appela l'Empire romain?.....

« Bref, toutes ces républiques n'ont jamais enfanté que des excès : ou la terreur rouge ou la terreur blanche, deux expressions de notre temps qui serviront à peindre ma pensée. Et pourquoi? C'est qu'il y a dans la forme républicaine un vice inné, constitutif, fatal, à savoir : de mettre en jeu toutes les convoitises, toutes les ambitions, toutes les passions. Car on sait que la faveur populaire est un souffle, c'est-à-dire un synonyme de caprice, d'inconstance, d'irréflexion, lequel aujourd'hui porte Aristide au faîte des honneurs pour le préci-

piter demain dans l'exil. ». Cette vérité était si courante à
Rome, qu'elle avait créé ce proverbe : « La Roche Tar-
« péienne touche au Capitole. » Le pouvoir républicain,
électif par excellence, devient en effet une ardente curée
que se disputent géants et nains; les premiers par la force,
les seconds par l'artifice. A distance, il est vrai, les faits
sont débonnaires, et tel prend parti pour Marius, tel autre
pour Sylla, sans plus d'émotions que pour deux joueurs
d'échecs. Mais pour bien juger de ces convulsions poli-
tiques, supposons-nous un instant contemporains de ces
tragédies fratricides. Et j'ose dire que de nos jours cette
« glorieuse politique » aurait des effets plus désastreux
encore; car les sociétés anciennes se reposaient sur les es-
claves du soin de les nourrir, et les commotions gouverne-
mentales ne dérangeaient que médiocrement le travail de la
plèbe servile; tandis que les sociétés modernes, obligées de
vivre des transactions quotidiennes du commerce, voient la
vie prête à s'éteindre, dès que la sécurité, dès que la paix ne
leur sert plus de base. »

Ici, la République objecta la Suisse, elle objecta l'Amérique.

« Vous voulez, répliqua la France indignée, que je prenne
modèle sur les États-Unis, où la désunion et la haine la plus
invétérée n'ont cessé d'exister entre le Sud et le Nord; que
je prenne exemple sur un pays où la liberté des uns est outra-
geusement usurpée au profit des autres? Croyez-vous que cet
odieux système de l'esclavage cesse d'être une honte pour une
nation parce qu'elle ose le mettre en pratique à l'ombre du
drapeau de la liberté? Songez d'ailleurs que les habitants de
l'Amérique, éparpillés sur un immense territoire, se sont
beaucoup plus préoccupés jusqu'ici de leur installation que
de leur gouvernement. C'est un sol à peine occupé, eu égard
à son étendue, foulé par un peuple marchand, étranger à la

politique, intact encore aux rivalités quotidiennes qui naissent de l'encombrement des carrières, ce qui équivaut presque à une surabondance de population. Le cadre est plus grand que le portrait; les voisins, loin de faire obstacle, y sont de précieux auxiliaires. Mais attendez que les industries commencent à manquer d'air et d'espace, que la concurrence dispute chichement le pain de chaque jour, qu'en un mot les populations accrues s'y coudoient un peu, et ces froissements deviendront des chocs d'où vous verrez naître toutes nos misères d'Europe : l'étouffement, les rivalités, les discordes! Et, du reste, sans quitter le Nouveau-Monde, considérez le Mexique. Ployé, terrassé par la guerre civile, et pareil au naufragé qui lève les yeux vers le ciel, il regarde la vieille Europe avec des supplications, pour lui demander, quoi?... Un dictateur, un maître, un représentant de l'ordre à tout prix, contre la Liberté, dont les excès le tuent !

« L'objection de la Suisse est plus spécieuse, belle dame, mais aussi peu rationnelle, car on ne peut conclure d'un petit pays à un grand. Au lieu de rappeler ses guerres civiles, je suis donc prête à concéder que vous puissiez prospérer et fleurir en Suisse. Non-seulement en Suisse, mais parmi tous les peuples à qui leur faiblesse numérique ou leur géographique situation interdit les rôles militants dans l'histoire contemporaine. Il n'y a pas lieu, parmi les nations exiguës, à des orages révolutionnaires, et s'il y a tempête, ce n'est qu'une « tempête dans un verre d'eau. » Multipliez Marius par Alexandre, et jetez ce phénomène dans le Val d'Andore : ce Plassiart mènera ses bœufs au labour comme Cincinnatus, ou plantera des choux comme Abdolonyme. Oh! si la position géographique permettait à ce petit pays de rivaliser d'importance avec un empire ; si l'ambition ne s'agitait plus sur des échasses, mais sur un théâtre, nous aurions un volcan républicain, comme ceux qu'on appelait jadis Milan, Florence, Venise. Venise avec son lion féroce qui ne se gorgeait que de viles délations; Venise la liberticide, avec son Conseil des Dix, dix Nérons ! J'allais oublier Gênes. Gênes, un jour, fut si fatiguée de ses incessantes révolutions, qu'elle voulut courber la tête sous le joug du plus despotique de nos rois. Vous connaissez bien le mot de Louis XI : « Gênes se donne à moi, dit-il, et moi, je la donne au diable. »

« Mais cessons d'établir avec le dehors des parallèles impossibles, car chaque peuple est né avec ses allures , son caractère , son génie particulier. Votre trace est sanglante dans nos annales : l'immortelle révolution de 89 eut la gloire d'émanciper l'homme, et le tort immense de se faire république ; 93 et 48 sont deux dates funèbres, dont l'une s'appelle la Terreur, et l'autre la Marianne. Celle-ci n'a été, il est vrai, qu'à l'état d'enfance; mais elle promettait assez dès le berceau, pour que les générations futures bénissent longtemps la main qui étouffa le « Spectre rouge. »

A ces mots, la République disparut, et je m'inclinai sur son passage, dévorant une larme. Chacun de nous a ses illusions : les partis n'ont pas d'autre raison d'être ; mais la sagesse, mais le patriotisme veut qu'on les sacrifie à la volonté souveraine de la majorité, surtout quand cette majorité sort imposante du suffrage universel. Or, quel que soit le degré de conscience que l'on prête à l'urne électorale — et je dis ceci pour prévenir toutes les objections, même les plus malignes — il fallut bien reconnaître que la manifestation nationale était à tous les titres anti-républicaine. Ce fut un spectacle imposant : la concorde descendit ce jour-là sur notre chère patrie ; les partis, désespérant d'escamoter le succès, en votant—fractions minimes du grand tout—pour leurs candidats réciproques, cherchèrent quel était l'homme de la situation, le candidat universellement populaire et national, capable de représenter à bon droit, non pas un parti, mais tous les partis, non pas une coterie, mais la France, — et l'on porta au faîte Napoléon.

Il n'y avait donc, aux yeux du grand nombre, de garantie pour la paix qu'un trône héréditaire consenti par la nation. Pensez-vous qu'il en soit encore autrement? Non, car même dans le siècle de la vapeur, la vérité d'hier ne peut être mensonge de demain. Il n'y avait, et il ne peut donc y avoir unanimité qu'autour du trône impérial. Napoléon Ier, son initiateur, n'est-il pas, en effet, la vivante expression des idées démocratiques, les seules qui puissent rallier les sympathies universelles? Cette immortelle Genèse du 89 n'a pas de plus glorieuse incarnation. Napoléon Ier, c'est le peuple sorti de la poudre et illuminant soudain le monde des rayons de son génie. Aussi nul n'est-il plus apte à représenter le peuple qu'un membre de la famille napoléonienne. Et voyez en effet; la vieille France s'éteint, la nouvelle surgit : qui lui donne la législation nouvelle? Napoléon. La France sort de quatorze siècles d'esclavage : qui est le Moïse de cette autre sortie d'Egypte? Napoléon. Les Capets-Pharaons, hissés de nouveau jusqu'à l'Olympe du pouvoir, en sont précipités par la colère du peuple : qui vient leur succéder? Encore un Napoléon.

D'où vient donc qu'au lendemain de ce jour solennel qui créa le second empire, la liberté ne soit pas éclose toute grande sur notre sol? C'est que le lendemain, les dangers de la veille avaient disparu, et que chacun de nous eût hâte d'enfourcher derechef son dada politique. Et l'un d'aller au nord, l'autre au sud, tel à l'est, tel à l'ouest; si bien que, pour nous servir de l'expression de Prudhomme, le *char de l'Etat* demeura longtemps stationnaire, tiraillé en sens inverses, et sans cesse menacé d'une nouvelle et fatale culbute; si bien encore que le despotisme, irrésistible, inéluctable au lendemain d'une nouvelle révolution, dut persévérer, et n'abdiquera complétement que lorsque la lumière sera faite dans toutes les intelligences, la pacification dans tous les esprits, la concorde dans tous les cœurs.

La Concorde est donc le piédestal du progrès, le piédestal de la liberté. Eh bien! silence à nos caprices mesquins! que notre mot d'ordre, à l'avenir, soit concorde! Concorde autour de Napoléon, puisque seul il est sans aucun de ces antécédents dynastiques qui sont incompatibles avec le droit nouveau, le droit populaire. Plus de castes, plus de tribus, plus de privilèges'; ni la féodalité noble, ni la féodalité bourgeoise, mais le *peuple*, c'est-à-dire tous les fils de la grande famille française, le grand comme le petit, le petit comme le grand!

Méfions-nous surtout des extrêmes. Loin de moi de jeter la pierre aux vaincus; mais peut-on voir de sang froid des compatriotes entraver le progrès universel, en opposant une résistance folle et coupable aux immortels principes de 89? Certaines réflexions sont donc nécessaires.

Il y a dans notre sein deux partis implacables, ennemis de cette même liberté qu'ils ont sans cesse à la bouche comme un mot de ralliement. Ennemis, car la liberté ne saurait vivre que dans une sphère de modération. Or, ni les sansculottes, ni les *arriérés*, n'ont le culte de la modération. Ceux-ci voudraient noyer l'élément civil dans l'élément religieux et féodal, niant la lumière, niant le progrès, niant l'émancipation de l'esprit, rétrogradant, en un mot, de plusieurs siècles sur la route du temps. Ceux-là, hostiles à la famille et à la propriété, c'est-à-dire à tous les liens sociaux, ne voudraient rien moins, niveleurs farouches, que courber nos fronts sous l'égalité de la misère. Ces partis-là ne feront nulles concessions, il ne vivent pas de la vie commune; la liberté que nous voulons n'est pas la leur; vous ne les convertirez pas. Peu importe à la majorité, dira-t-on. Soit! Mais

c'est un rude obstacle au régime de la liberté saine et féconde que souhaitent les bons esprits. Le gouvernement ne
peut désarmer en face de ces minorités factieuses, et leur
existence entretient dans le pays un malaise dont la liberté
souffre.

Et comme ils sont habiles à exploiter cette souffrance !
Les entendez-vous, s'écriant d'un ton patelin : mais à quand
donc la Liberté ? L'homme de bonne foi, qni ne la voit pas
encore épanouie, désespère parfois à son tour et se sent prêt
à faire chorus avec eux, oubliant dans sa désespérance qu'ils
sont précisément, eux, les seuls empêchements d'une plus
grande extension de liberté. Je le dis encore : méfions-nous
des extrêmes ; les partis extrêmes sont des traîtres à la nation.

Savez-vous à quand la Liberté ? C'est lorsque, oubliant nos
petites rancunes et nos petits intérêts personnels, nous ne
songerons qu'au bien de la patrie, notre idole à tous ; c'est
lorsque, par la logique et le bon sens, par la loyauté et
l'union, nous rivaliserons pour le bien commun avec le chef
que le peuple a choisi ; c'est lorsque nous serons convaincus
que notre parti, quel qu'il fût avant l'Empire, n'obtiendrait
pas 8,000,000 de suffrages, en y comprenant même ceux de
ces imbéciles qui naguère juraient être nés avec un bonnet
phrygien, et qui jureraient demain que la nature leur a im-
primé sur le sein gauche une cocarde blanche.

Dans ces derniers temps, on vantait à la Chambre le patriotisme anglais et son respect pour le trône, — les deux sources
de sa liberté. Je ne suis pas anglomane, mais reconnaissons
que l'Angleterre a eu cette sagesse politique qui nous manque
encore, d'arborer le drapeau de la Concorde. Croyez-vous
qu'à l'avènement des Orangistes, il n'y eût pas Outre-Manche,
comme parmi nous, plusieurs factions hostiles ? Elles ont
désarmé simultanément, et, groupées autour de la dynastie
nouvelle, elles se sont écriées en chœur : « Périssent dans

l'oubli nos vieilles dissidences, et vive l'Angleterre ! » Ce jour-là est née la liberté anglaise que nous ne cessons de convoiter.

Eh bien ! ou nous sommes des enfants bâtards d'une noble mère, indignes du glorieux nom de Français, ou nous crierons plus haut encore : « Mort aux partis ! » Car, n'est-il pas temps, après un siècle d'essais, de mettre un terme à cette déplorable instabilité dynastique, à ces fluctuations perpétuellement mobiles de notre politique, à ces bilieuses et incessantes attaques de tous les partis réprouvés ? N'est-il pas temps que les intrigues et les coteries , au lieu de jeter leurs dénigrements systématiques à la face de tous nos gouvernements, de la France, se laissent exclusivement dominer par une entente de noble patriotisme ? N'est-il pas temps de ne plus offrir à toutes les nations jalouses de notre force, le triste spectacle d'un grand peuple, à intermittences fatalement régulières, livré tour à tour au bigotisme irréligieux de l'ancien régime , au sybaritisme sans gloire du parti bleu , aux utopies farouchement révolutionnaires du parti rouge, pour retomber forcément sous la férule d'un représentant de l'ordre ? A qui devons-nous cette rougeur qui nous monte au front au souvenir de Waterloo et de Vienne ? Aux divisions intestines, aux partis. Qui pousse certains prêtres du Dieu de paix et d'amour à la révolte et au blasphème ? Les partis. Qui a produit ces immoralités criantes qui portent le dégoût dans le cœur, le mépris sur les lèvres, le scandale dans la rue, notre honte à l'étranger : des protestants rigides, des philosophes sévères, des impies déclarés baisant la mule du pape ?..... des Français faisant des vœux pour l'Autriche, contre la liberté et le progrès; des vœux pour la Suisse contre la Savoie et la France ? Toujours les partis !.... Périssent donc les partis avec leur cortége de fléaux ! Ne formons qu'une seule voix, qu'un seul corps autour de la dynastie que la France s'est donnée. Laquelle a jamais pu s'enorgueillir d'un si grand nombre d'adhésions ? Par cette concorde nous tuerons ce que les impatients appellent le despotisme, car ses seuls aliments sont les idées réactionnaires des uns, l'immodération fébrile des autres qui veulent violer le progrès avant l'âge nubile, la routine de ceux-ci, les rêves creux de ceux-là, en un mot, les dissidences de l'opinion publique. Ne vous semble-t-il pas, en effet, que le front du maître doive se dérider, comme par enchantement, devant un peuple plein d'énergie vitale, quand toutes les volontés ne formeront qu'un faisceau unique ? Ne vous semble-t-il pas que cet assentiment universel aura pour conséquence forcée la restriction de jour en jour plus grande de l'autorité souveraine, et par contre, la participation plus directe, plus absolue des commettants ?

L'avenir est donc en germe dans ce mot : Concorde. Et ceci ne veut pas dire servilité, courtisanerie. Non, non, j'aime la liberté ! je sais que l'opposition est féconde, et qu'on la compare, à bon titre, dans un gouvernement, à la soupape de sûreté d'une machine à vapeur. Mais non pas l'opposition qui veut démolir l'édifice : celle qui n'a d'autre but que de l'améliorer. Défions-nous, nous autres Français, de notre caractère essentiellement mobile en théorie et tempétueux dans la pratique. Nous avons des colères d'Océan, mais nous payons toujours nos fredaines. Car c'est une conséquence fatale : violentez le progrès, vous appelez la dictature ; et la dictature reste nécessaire jusqu'à l'apaisement complet des flots déchaînés. Ah ! malédiction, triple malédiction sur les sourdes intrigues, de quelques partis qu'elles vinssent, qui voudraient aboutir à une révolution, pour courir à d'autres révolutions ! Car quel est le parti assez infatué de lui-même pour oser dire : « J'ai la France dans mes mains ; la France veut ce que je veux ? »

Ouvrons donc les yeux, déposons nos idées préconçues, nos haines aveugles, et, ralliés autour du trône impérial, nous tiendrons haut et ferme notre drapeau français, lequel marchera toujours à l'avant-garde de la civilisation, si nous n'avons nous-mêmes la cruelle folie de le déchirer de nos propres mains. Alors le chef de l'empire, voyant disparues toutes ces dissidences taquines, jettera sa férule au musée de Saint-Germain et ses gantelets à Cluny, pour se lancer à fond de train dans la voie des grandes améliorations. Il osera réduire l'armée de moitié, certain que l'Europe se gardera bien de jamais attaquer la France du jour où tous ses fils n'auront plus qu'une même communion politique. La réduction de l'armée rendra à l'agriculture 250,000 bras qui lui manquent, et permettra d'abord de supprimer les taxes qui frappent la consommation du pauvre, ensuite de féconder nos terres et d'en multiplier le produit. Pour tout dire en un mot, il osera, fidèle au programme politique tracé au fort de Ham de sa main captive, il osera ouvrir à la fois toutes les écluses de la Liberté. Et alors, quand Napoléon III ne sera plus, la France heureuse, reconnaissante et sûre de l'avenir, jettera ce cri d'amour et de concorde à l'Europe : Napoléon est mort, vive Napoléon !

Imprimerie Renou et Maulde, rue de Rivoli, 144.   11839